This book belongs to

Name ....
Company ....
Address ....
Mobile ....
Email ....
Others ....

....

....

Note

Month:_________

Mo.	Tu.	We.	Th.	Fr.	Sa.	Su.

Note

Note

Month:________

Mo.	Tu.	We.	Th.	Fr.	Sa.	Su.

Note

Note

Month:________

Mo.	Tu.	We.	Th.	Fr.	Sa.	Su.

Note

Note

Month:_________

Mo.	Tu.	We.	Th.	Fr.	Sa.	Su.

Note

Note

Month:________

Mo.	Tu.	We.	Th.	Fr.	Sa.	Su.

Note

Note

Month:_________

Mo.	Tu.	We.	Th.	Fr.	Sa.	Su.

Note

Note

Month:_________

Mo.	Tu.	We.	Th.	Fr.	Sa.	Su.

Note

Note

Month:________

Mo.	Tu.	We.	Th.	Fr.	Sa.	Su.

Note

Note

Month:_________

Mo.	Tu.	We.	Th.	Fr.	Sa.	Su.

Note

Month:_______

Mo.	Tu.	We.	Th.	Fr.	Sa.	Su.

Note

Note

Month:_________

Mo.	Tu.	We.	Th.	Fr.	Sa.	Su.

Note

Note

Month:______

Mo.	Tu.	We.	Th.	Fr.	Sa.	Su.

Note
____
____
____
____

Note

Month:_________

Mo.	Tu.	We.	Th.	Fr.	Sa.	Su.

Note

Note

Month:________

Mo.	Tu.	We.	Th.	Fr.	Sa.	Su.

Note

Note

Month:_________

Mo.	Tu.	We.	Th.	Fr.	Sa.	Su.

Note

Note

Month:_________

Mo.	Tu.	We.	Th.	Fr.	Sa.	Su.

Note

Note

Month:_________

Mo.	Tu.	We.	Th.	Fr.	Sa.	Su.

Note

Note

Month:________

Mo.	Tu.	We.	Th.	Fr.	Sa.	Su.

Note

Note

Month:_________

Mo.	Tu.	We.	Th.	Fr.	Sa.	Su.

Note

Note

Month:_________

Mo.	Tu.	We.	Th.	Fr.	Sa.	Su.

Note

Month:_ _ _ _ _ _ _ _

Mo.	Tu.	We.	Th.	Fr.	Sa.	Su.

Note

Note

Month:_ _ _ _ _ _ _ _

Mo.	Tu.	We.	Th.	Fr.	Sa.	Su.

Note _______________

Note

Month:_ _ _ _ _ _ _

Mo.	Tu.	We.	Th.	Fr.	Sa.	Su.

Note

Note

Month:_________

Mo.	Tu.	We.	Th.	Fr.	Sa.	Su.

Note

Note

Month:_ _ _ _ _ _ _ _ _ _

Mo.	Tu.	We.	Th.	Fr.	Sa.	Su.

Note

Note

Month:__________

Mo.	Tu.	We.	Th.	Fr.	Sa.	Su.

Note

Note

Month:_________

Mo.	Tu.	We.	Th.	Fr.	Sa.	Su.

Note

Month:_________

Mo.	Tu.	We.	Th.	Fr.	Sa.	Su.

Note

Note

Month:___________

Mo.	Tu.	We.	Th.	Fr.	Sa.	Su.

Note

Note

Month:_________

Mo.	Tu.	We.	Th.	Fr.	Sa.	Su.

Note

Note

Month:_ _ _ _ _ _ _

Mo.	Tu.	We.	Th.	Fr.	Sa.	Su.

Note

Month:_________

Mo.	Tu.	We.	Th.	Fr.	Sa.	Su.

Note
____
____
____
____

Month:_ _ _ _ _ _ _ _ _

Mo.	Tu.	We.	Th.	Fr.	Sa.	Su.

Note

Note

Month:________

Mo.	Tu.	We.	Th.	Fr.	Sa.	Su.

Note

Note

Month:________

Mo.	Tu.	We.	Th.	Fr.	Sa.	Su.

Note

Note

Month:__________

Mo.	Tu.	We.	Th.	Fr.	Sa.	Su.

Note

Note

Month:_________

Mo.	Tu.	We.	Th.	Fr.	Sa.	Su.

Note

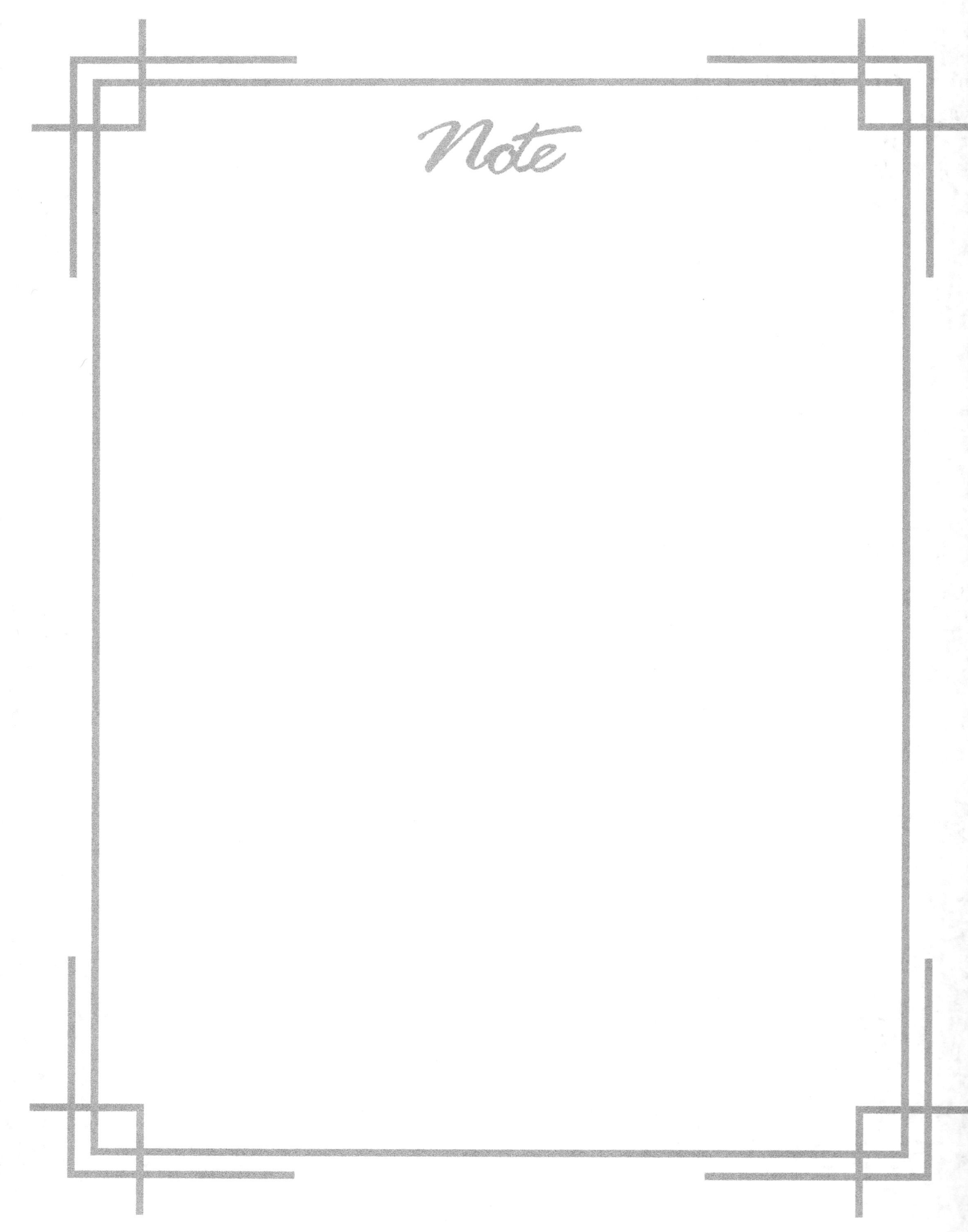
Note

Month:__________

Mo.	Tu.	We.	Th.	Fr.	Sa.	Su.

Note

Note

Month:_________

Mo.	Tu.	We.	Th.	Fr.	Sa.	Su.

Note

Note

Month:_________

Mo.	Tu.	We.	Th.	Fr.	Sa.	Su.

Note

Note

Month:________

Mo.	Tu.	We.	Th.	Fr.	Sa.	Su.

Note

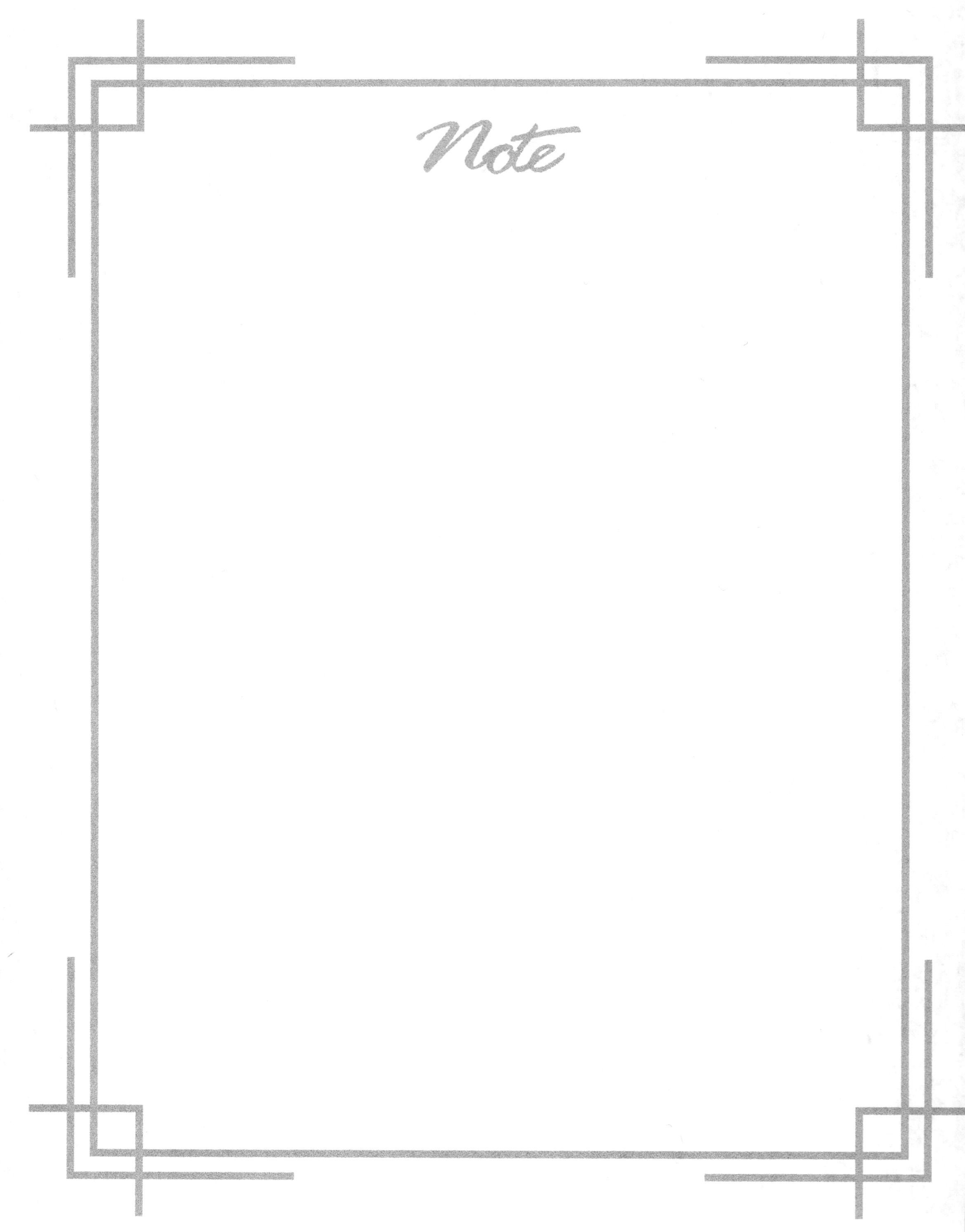
Note

Month:________

Mo.	Tu.	We.	Th.	Fr.	Sa.	Su.

Note

Note

Month:_________

Mo.	Tu.	We.	Th.	Fr.	Sa.	Su.

Note

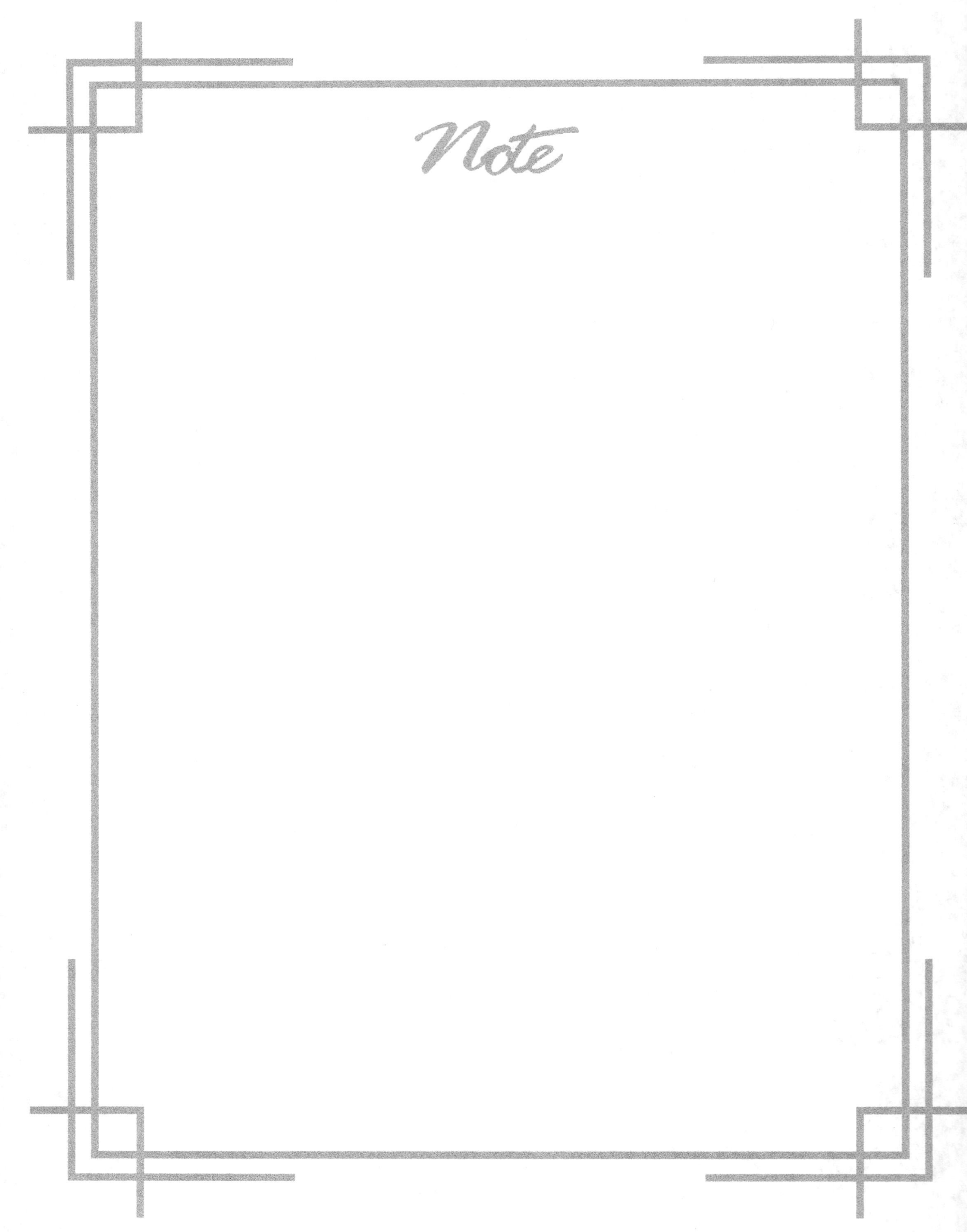

Note

Month:_________

Mo.	Tu.	We.	Th.	Fr.	Sa.	Su.

Note

Note

Month:_________

Mo.	Tu.	We.	Th.	Fr.	Sa.	Su.

Note

Note

Month:_________

Mo.	Tu.	We.	Th.	Fr.	Sa.	Su.

Note

Note

Month:_ _ _ _ _ _ _

Mo.	Tu.	We.	Th.	Fr.	Sa.	Su.

Note

Note

Month:_________

Mo.	Tu.	We.	Th.	Fr.	Sa.	Su.

Note

Note

Month:_________

Mo.	Tu.	We.	Th.	Fr.	Sa.	Su.

Note

Note

Month:________

Mo.	Tu.	We.	Th.	Fr.	Sa.	Su.

Note

Note

Month:________

Mo.	Tu.	We.	Th.	Fr.	Sa.	Su.

Note
____
____
____
____

Month:_________

Mo.	Tu.	We.	Th.	Fr.	Sa.	Su.

Note

Note

Month:_________

Mo.	Tu.	We.	Th.	Fr.	Sa.	Su.

Note

Note

Month:_________

Mo.	Tu.	We.	Th.	Fr.	Sa.	Su.

Note

Note

Month:_________

Mo.	Tu.	We.	Th.	Fr.	Sa.	Su.

Note

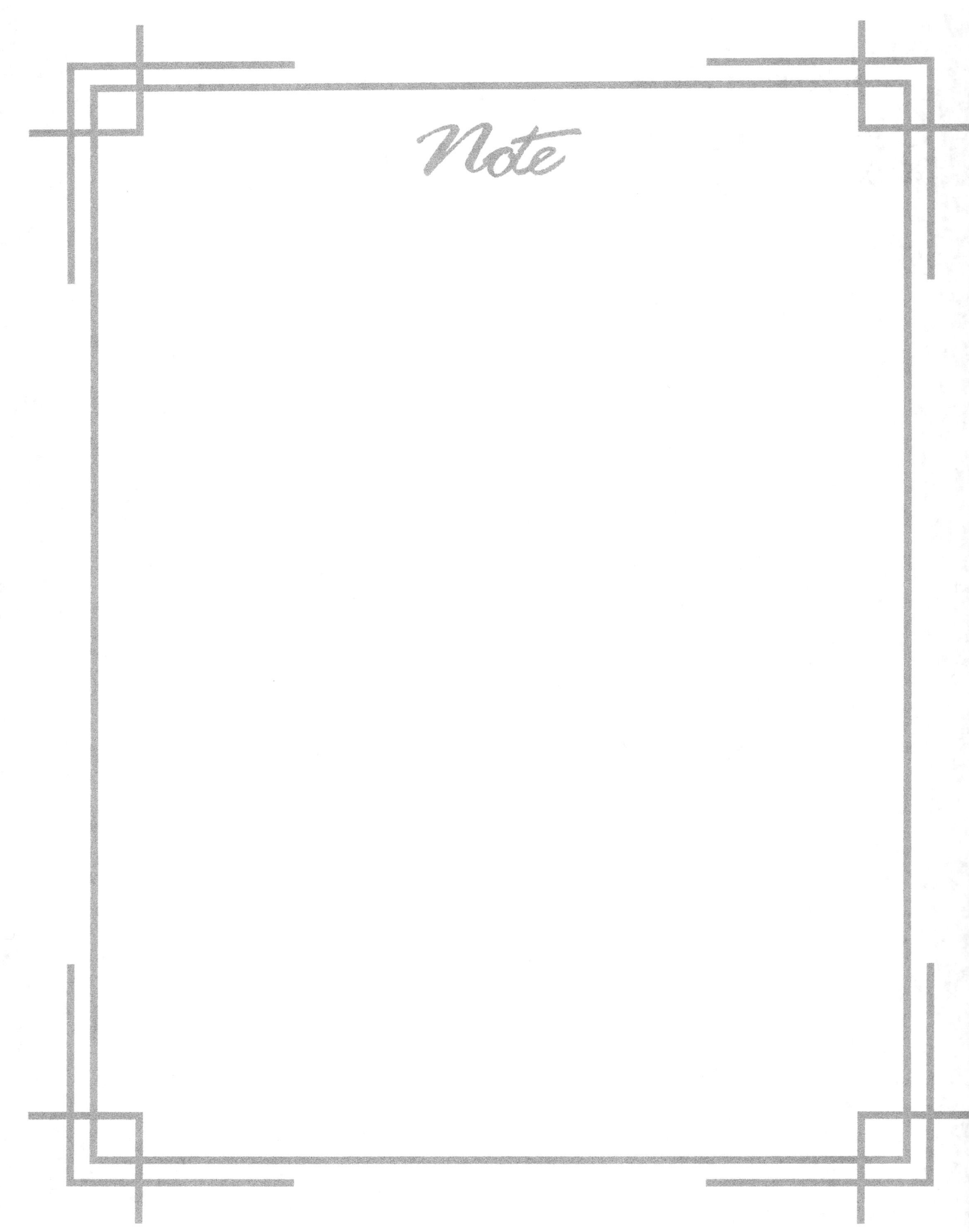

Month:_________

Mo.	Tu.	We.	Th.	Fr.	Sa.	Su.

Note

Note

Month:_________

Mo.	Tu.	We.	Th.	Fr.	Sa.	Su.

Note

Note

Month:_________

Mo.	Tu.	We.	Th.	Fr.	Sa.	Su.

Note

Note

Month:_________

Mo.	Tu.	We.	Th.	Fr.	Sa.	Su.

Note

Note

Month:________

Mo.	Tu.	We.	Th.	Fr.	Sa.	Su.

Note